CONGRÈS BIBLIOGRAPHIQUE INTERNATIONAL

Tenu à Paris du 13 au 16 avril 1898

SOUS LES AUSPICES DE LA SOCIÉTÉ BIBLIOGRAPHIQUE

LES

Travaux sur l'Histoire de l'Imprimerie

PAR

M. A. CLAUDIN

Lauréat de l'Institut

(EXTRAIT DU COMPTE RENDU DES TRAVAUX)

PARIS

AU SIÈGE DE LA SOCIÉTÉ

5, Rue Saint-Simon, 5

—

1899

LES TRAVAUX

SUR

L'HISTOIRE DE L'IMPRIMERIE

Pendant ces dix dernières années, les recherches sur l'histoire de l'imprimerie dans les divers pays ont été l'objet de nombreux travaux, particulièrement en Allemagne, en Angleterre et en France. D'autres contrées sur lesquelles on ne possédait que peu ou point de renseignements ont apporté leur contingent.

A commencer par l'Allemagne, les travaux de M. Dziatzko, bibliothécaire de l'Université de Göttingue, sont des plus remarquables. Dans une série de dissertations publiées de 1888 à 1897, il a traité de main de maître la question des origines. D'après des données nouvelles il a étudié les travaux de Gutenberg, les procédés primitifs de la typographie et jeté la lumière sur des points jusqu'alors obscurs. Caxton, le premier imprimeur de l'Angleterre qui, d'après la légende, se serait initié à l'art typographique d'abord en Allemagne, à Cologne, puis dans les Flandres, à Bruges, a attiré aussi son attention et il lui a consacré une notice. On lui doit encore une conférence faite en Angleterre lors de la réunion du Congrès international des Bibliothécaires tenu à Londres en 1897, sur l'aide et l'encouragement donnés par les pouvoirs publics à l'imprimerie à ses débuts, question neuve et pleine d'intérêt pour l'histoire de la civilisation moderne.

M. Burger, conservateur du Musée de la Librairie à Leipzig, a rendu un grand service aux travailleurs en publiant des tables très complètes de noms de villes et d'imprimeurs ayant exercé au xvᵉ siècle, avec listes sommaires des livres sortis de ces premières presses. Ces listes renvoient pour les détails aux numéros du *Repertorium* de Hain, l'ouvrage classique en la matière. M. Burger a entrepris une autre publication non moins utile, qui comprendra les monuments typographiques de l'Allemagne et de l'Italie. Cinq livraisons de l'ouvrage ont déjà paru. Elles se composent d'une collection de fac-similés très fidèles qui reproduisent les diverses sortes de caractères employés dans leurs impressions par les typographes de ces deux pays au xvᵉ siècle.

M. Roth s'est occupé de la famille de Pierre Schoifer, l'un des inventeurs de l'imprimerie dont les descendants au xvie siècle continuèrent l'atelier primordial à Mayence et fondèrent des établissements typographiques à Worms, à Strasbourg et jusqu'en Italie, à Venise, sur l'Adriatique. Il a retracé l'histoire de cette génération de typographes et nous a donné une liste aussi complète que possible des livres sortis de leurs presses.

Le même M. Roth est encore auteur de monographies estimées sur l'imprimerie de Jacques Köbel, qui exerçait à Oppenheim de 1503 à 1532, sur l'imprimerie à Worms au xvie siècle et sur l'imprimerie à Spire aux xve et xvie siècles.

M. Hennen a publié, en 1887 et 1888, trois articles sur l'imprimerie de Trèves aux xve et xvie siècles, auxquels M. Bahlmann a fait quelques additions. Le tout a été publié dans le *Centralblatt*, revue bibliographique dirigée par le Dr Hartwig, laquelle contient beaucoup d'articles intéressants sur l'histoire de l'imprimerie qu'il serait trop long d'énumérer en détail et dont nous ne citerons que les principaux.

M. Steiff y a inséré une notice sur les origines de l'imprimerie à Tubingue, qui a été complétée par M. Knaake. Le même a fait aussi, de 1887 à 1889, un travail sur les incunables de Halle. M. Hofmeister a publié à Schwerin l'histoire des débuts de l'imprimerie à Rostock. M. Dommer s'est occupé des plus anciennes impressions de Marbourg de 1527 à 1566, et M. Konecke a écrit l'histoire de l'imprimerie en Hesse. On doit à M. Immisch un essai sur l'imprimerie à Braunschweig, à M. Gruchet des notes sur l'imprimerie de Braunsberg, et à M. Stieda des études pour servir à l'histoire des imprimeurs et des libraires du Mecklenbourg.

A l'occasion de l'anniversaire de l'établissement de l'imprimerie à Fribourg-en-Brisgau, le Dr Pfaff a publié un travail sur les premiers imprimeurs de cette ville. L'année suivante, M. Kade a fait paraître une histoire de l'imprimerie à Fribourg.

On a quelques notices nouvelles sur les imprimeurs de Mayence. M. Schneider a donné la suite des imprimeurs mayençais. M. Widmann s'est occupé d'un imprimeur de la Réforme, François Behem. On trouve encore dans le *Centralblatt* déjà cité des articles intéressants sur l'imprimerie de Pierre Friedberg, qui exerçait à Mayence de 1491 à 1499, et sur celle de Pierre Jordan, de 1535 à 1532.

M. Schwenke a traité les origines de l'imprimerie à Kœnigsberg. Il est également auteur de recherches sur les plus anciennes impressions de la Prusse de 1492 à 1526.

Les fêtes du jubilé de l'introduction de l'imprimerie à Hambourg-Altona ont donné naissance à une notice historique sur la typographie locale. Semblable publication a été faite à Francfort lors de la célébration du 450e anniversaire de l'imprimerie.

Depuis l'annexion de l'Alsace, Strasbourg, qui a été un des berceaux de l'imprimerie, est devenu un point central d'études de *paléotypographie*, si nous pouvons nous exprimer ainsi.

En première ligne, nous avons à mentionner le *Répertoire bibliographique strasbourgeois* de M. Ch. Schmidt, publié de 1892 à 1895. Les fascicules qui composent l'ouvrage contiennent des documents précieux et inédits sur la vie et les travaux des anciens imprimeurs de cette ville qui a vu les premiers essais de Gutenberg. M. Schmidt est le même qui publia en 1841 un document inédit découvert par lui dans les archives de l'ancien chapitre de Saint-Thomas. Il s'agissait d'un emprunt d'argent fait par l'inventeur de l'imprimerie. Pour rendre hommage à son ancienne patrie dont il a toujours conservé le souvenir dans son cœur, M. Schmidt a rédigé en français son ouvrage, fruit de plus d'un demi-siècle de recherches persévérantes.

MM. Schorbach et Spirgatis ont mis au jour en 1888 un volume tout entier consacré à Knoblotzer, imprimeur à Strasbourg de 1477 à 1484. Le texte est suivi de 77 planches en héliotypie donnant des spécimens des impressions les plus remarquables, ainsi que des illustrations qui les accompagnent. M. Schorbach y a fait plus tard un supplément. Il est encore auteur d'une notice sur Gunther et Jean Zainer de Reutlingen, qui auraient habité Strasbourg avant 1470 et y auraient appris leur art avant de s'établir imprimeurs, l'un à Augsbourg et l'autre à Ulm. M. Spirgatis a fait aussi une brochure intéressante dans laquelle il établit l'existence d'un atelier typographique à Kircheim en Alsace à la fin du xv° siècle.

M. List a publié une courte notice sur quelques imprimeurs strasbourgeois du xv° et du xvi° siècle. M. Ihme a écrit sur Gutenberg et l'imprimerie en Alsace.

M. Paul Heitz a publié le recueil des marques des anciens imprimeurs alsaciens du xv° et du xvi° siècle, avec un texte par M. Barack, bibliothécaire de l'Université de Strasbourg. Il a donné aussi des spécimens des illustrations dans les anciens livres imprimés à Strasbourg. Ces spécimens sont tirés sur les bois originaux qui étaient religieusement conservés dans l'imprimerie de son père, un amoureux de l'histoire de son art dont l'atelier remontait fort haut dans la succession des temps. Il a fait paraître également les ornements des initiales dans les impressions d'Alsace aux xv° et xvi° siècles.

M. Kristeller est auteur d'un ouvrage sur les illustrations dans les livres imprimés à Strasbourg. M. Heitz a fait paraître en 1896 les marques des anciens imprimeurs et des libraires bâlois, avec un essai historique sur l'imprimerie à Bâle par M. Bernouilli, bibliothécaire de l'Université de cette ville. M. Werner Weisbach est auteur d'un ouvrage sur les illustrations de l'ancienne imprimerie bâloise, édité également à Strasbourg.

M. Paul Kristeller a réuni les marques des imprimeurs et des libraires italiens, et M. Haebler, bibliothécaire de Dresde, auteur d'un excellent ouvrage sur les premiers imprimeurs de l'Espagne et du Portugal publié à Londres par la *Bibliographical Society*, a fait imprimer à Strasbourg les marques des imprimeurs espagnols et portugais des xv⁰ et xvi⁰ siècles.

En Autriche, M. Meyer a terminé sa belle histoire de l'imprimerie à Vienne. M. Faulmann est auteur d'un ouvrage traitant de l'invention de l'imprimerie d'après les recherches les plus récentes. M. Waldner a fait l'histoire de l'imprimerie dans le Tyrol, éditée à Inspruck en 1890, et M. Fred. Ahn a rédigé en 1896 une notice sur les plus anciennes impressions slovènes faites à Laybach de 1575 à 1580.

Passons maintenant à l'Angleterre.

M. Gordon Duff, qui est certainement l'homme connaissant le mieux les antiquités typographiques de son pays, vient de publier un recueil de fac-similés des premières productions des presses anglaises, présentant un spécimen des caractères de chaque imprimeur, ainsi que des plus anciens livres anglais imprimés hors du pays. Cet album est accompagné d'un texte explicatif dans lequel se trouve résumée, d'après les renseignements les plus nouveaux, toute l'histoire de la typographie anglaise du xv⁰ siècle.

M. Gordon Duff a aussi donné, en collaboration avec MM. Plomer et Proctor, des listes très complètes d'imprimeurs anglais du xvi⁰ siècle, de 1501 à 1556, avec nomenclature sommaire des livres sortis de leurs ateliers et leurs marques typographiques. On lui doit encore des recherches intéressantes sur Frédéric d'Egmont, libraire-éditeur du xv⁰ siècle qui avait une succursale à Paris, et sur d'autres libraires-éditeurs de Londres établis autour de l'église Saint-Paul, à l'enseigne de la Trinité.

MM. Dickson et Edmond ont terminé en 1890 les Annales de la typographie écossaise depuis l'introduction de l'imprimerie à Édimbourg en 1507, par des ouvriers typographes normands, jusqu'au commencement du xvii⁰ siècle. M. Edmond a mis la dernière main en 1888 à ses notes sur les imprimeurs d'Aberdeen de 1620 à 1756. M. Falconer Madan a fait un livre sur l'imprimerie d'Oxford et M. Bowles en a fait un autre sur celle de Cambridge, de sorte que l'histoire typographique des deux grandes universités anglaises n'est plus à faire.

M. Talbot Reed avait formé le projet d'écrire l'histoire des anciennes fonderies anglaises. La mort l'a surpris au milieu de son travail et il n'a pu en mettre au jour que les deux premiers chapitres, l'un celui de la fonderie de caractères appartenant à l'Université d'Oxford, et l'autre celui de la fonderie non moins célèbre de Baskerville à Birmingham, de laquelle sont sortis les types pour la belle édition des œuvres de Voltaire que Beaumarchais fit imprimer à Kehl.

M. Plomer, que nous avons nommé tout à l'heure parmi les collaborateurs de M. Gordon Duff, a retracé la vie et les travaux de Robert Copland et de Robert Wyer, imprimeurs à Londres dans la première moitié du xvie siècle. Il a inséré dans le recueil des *Bibliographica* une notice intéressante sur Richard Tottell, autre imprimeur de Londres qui a exercé son métier durant quarante ans, de 1553 à 1593.

M. Allnutt est auteur de recherches sur les impressions provinciales de l'Angleterre. M. S. Ferguson a écrit l'histoire des premiers imprimeurs de Glasgow, et en particulier celle des frères Foulis, typographes célèbres de cette ville au xviiie siècle.

M. Edwards s'est occupé des premiers imprimeurs du comté de Hampshire et M. Hyett a publié des notes sur les premiers livres imprimés à Bristol et dans le comté de Glocester.

Ne se bornant pas seulement à leur propre histoire qui est assez limitée, les Anglais se sont intéressés à la typographie des autres pays.

M. Gordon Duff déjà nommé a fait pour les premiers livres imprimés en Europe au xve siècle (*Early printed books*), un excellent résumé, d'après les dernières découvertes, pour vulgariser les connaissances acquises en la matière. Dans le même but, M. Pollard, l'actif secrétaire de la Société Bibliographique de Londres, bibliothécaire au Musée Britannique, a publié, dans un semblable but de vulgarisation, un choix des plus intéressants spécimens des premiers temps de l'imprimerie exposés dans l'établissement. Ces fac-similés sont accompagnés de notices historiques et bibliographiques puisées aux meilleures sources.

M. Pollard a inséré dans les *Bibliographica* d'excellents articles sur les premiers livres illustrés du xve siècle, et en particulier sur les livres d'Heures publiés en France avant 1500.

M. Copinger, de Manchester, qui s'était déjà fait connaître en 1892 par une curieuse bibliographie des éditions de la Bible imprimées depuis 1450 jusqu'en 1500, a entrepris un travail qui rendra de très grands services à ceux qui s'intéressent à la typographie du xve siècle. Il a rédigé un supplément au *Repertorium bibliographicum* de Hain qui sera presque aussi important que l'œuvre primitive du bibliographe allemand. Deux volumes ont déjà paru ; le reste, pour lequel tous les matériaux sont rassemblés, suivra bientôt.

M. Middleton Wake a traité la question de l'invention de l'imprimerie dans des conférences publiques en 1897.

Sortant des généralités, les Anglais ont abordé avec beaucoup de science l'histoire typographique des Pays-Bas. Les notes si précieuses de M. Bradshaw sur les imprimeurs de cette contrée ont été réunies et publiées par ses amis après sa mort. Complétant les travaux d'Holtrop, de Campbell et de Bradshaw, M. Robert Proctor a publié une série de monographies sur la question qui sont traitées avec une méthode sûre qui dénote une grande perspicacité. Il est aussi auteur de recherches sur Jan Van Doesborgh, imprimeur à Anvers. Le travail le plus remarquable de M. Proctor est un index systématique des livres imprimés au xve siècle qui se trouvent dans les collections du Musée Britannique à Londres et de la Bibliothèque Bodléienne à Oxford. C'est la contribution la plus utile et la plus importante qui ait encore été faite à l'histoire de l'imprimerie. Sous une forme condensée, M. Proctor a dressé une statistique par ordre chronologique de toutes les presses qui ont été en activité dans le premier siècle de l'imprimerie et de leurs productions. Ces listes, divisées par pays, par villes et par imprimeurs, sont admirablement classées, avec références aux sources d'information. Il n'a encore paru qu'un volume consacré aux antiquités typographiques de l'Allemagne, et cette partie fait bien augurer du reste, qui suivra à des intervalles assez rapprochés.

M. Horatio Brown a fait paraître en 1891 un volume avec documents inédits sur l'imprimerie de Venise. M. Redgrave est auteur d'une monographie de premier ordre sur Erhard Ratdolt, imprimeur à Venise et à Augsbourg, le premier qui ait imprimé des livres illustrés dans la cité des Doges. En 1888 on a réimprimé à Londres, avec des additions considérables de l'auteur, l'ouvrage de M. Lippmann sur la gravure sur bois et l'illustration des livres en Italie au xve siècle. Un autre ouvrage de M. Kristeller sur l'illustration dans les livres imprimés à Florence à la même époque vient de paraître.

Des articles intéressants sur l'imprimerie à Augsbourg et à Wittemberg, sur les anciennes impressions anglaises faites sur le continent, ont été insérés dans le Bulletin de la Société Bibliographique de Londres, qui encourage ces sortes d'études d'une façon toute particulière. Elle s'est adressée à des bibliographes d'autres pays et leur a demandé des travaux sur des sujets auxquels elle attachait un intérêt spécial. C'est ainsi qu'elle a obtenu de M. Haebler, bibliothécaire à Dresde, qui s'est occupé tout particulièrement des incunables de l'Espagne et du Portugal, un ouvrage sur les antiquités typographiques si peu connues de ces deux pays, et que M. Claudin, d'après des documents nouveaux, a fait pour cette Société l'histoire de la première presse parisienne établie à Paris en 1470 dans l'enceinte de la vieille Sorbonne. Ces deux livres imprimés avec luxe contiennent des fac-similés et des renseignements inédits.

Les éditeurs des *Bibliographica* ont, de leur côté, demandé à M. Claudin un travail sur les imprimeries particulières de la France au xve siècle, sujet neuf et qui n'avait pas encore été traité. Le même recueil a publié un curieux article de M. Falconer Madan sur les anciennes gravures du xvie et du xviie siècle, dans lesquelles d'anciennes presses à imprimer sont représentées. On trouve encore dans les *Bibliographica* d'autres articles intéressants sur l'histoire de l'imprimerie qu'il serait trop long d'énumérer ici. M. Heckethorn vient de faire paraître un beau volume sur les imprimeurs de Bâle du xve et du xvie siècle, illustré de spécimens d'anciennes gravures et de marques.

On peut dire qu'en Angleterre on a traité l'histoire typographique de presque tous les pays. Dans le tome X du *British Printer* on trouve un article de M. Gjestvang sur les imprimeries et les imprimeurs de la Scandinavie, et M. Mason Satow est auteur d'un très curieux ouvrage sur l'imprimerie établie par les missionnaires jésuites au Japon, à la fin du xvie siècle.

Passant maintenant à la Belgique et à la Hollande, nous signalerons en première ligne les travaux de l'infatigable M. Van der Haeghen, le bibliothécaire en chef de l'Université de Gand, qui dans sa *Bibliotheca Belgica* dont il poursuit la publication depuis nombre d'années, fournit constamment des matériaux pour l'histoire de l'imprimerie dans ces pays. Il en a déjà extrait les marques et devises des imprimeurs et des libraires qui ont exercé dans les Pays-Bas, ainsi que celles des imprimeurs et libraires belges établis à l'étranger.

M. Frans Olthoff a publié en 1891 une notice sur les imprimeurs, les libraires et les éditeurs d'Anvers depuis l'invention de l'imprimerie. M. Falk a pris pour sujet l'imprimerie et le clergé jusqu'en 1520, et a fait des recherches sur les imprimeries particulières des couvents.

M. Paul Bergmans, qui est un bibliographe distingué, a produit récemment un intéressant résumé de l'histoire des imprimeurs belges à l'étranger, avec une liste géographique des imprimeurs et libraires belges établis à l'étranger depuis les origines de l'imprimerie jusqu'à la fin du xviiie siècle, accompagnée d'une carte et de fac-similés.

M. Moes, bibliothécaire de l'Université d'Amsterdam, a entrepris l'histoire des imprimeurs d'Amsterdam au xvie siècle. D'après ses recherches, l'imprimerie aurait commencé en 1506 dans cette ville. Le fascicule déjà paru contient l'histoire des trois premiers ateliers de Claes de Prenter, de Doen Pieterz et de Cornelis van Pepinghen. Le prochain fascicule débutera par Willem Corver et continuera par Jean Severz.

M. Verreyt a fait des recherches sur des descendants de Schoifer de Mayence, établis imprimeurs à Bois-le-Duc. Nous avons déjà signalé pour l'Allemagne le travail de M. Roth sur des membres de la même famille qui avaient fondé des établissements typographiques à Worms et ailleurs.

M. Gilliodts van Severen, archiviste de la ville de Bruges, a pris fait et cause pour un imprimeur du xve siècle, Jean Brito, originaire de Pipriac près Redon en Bretagne, qu'il présente comme le proto-typographe de Bruges et peut-être des Pays-Bas, selon lui. L'ouvrage qu'il vient de mettre en lumière est bourré de citations et de documents qu'il interprète dans un sens favorable à sa thèse. Sa prétention de faire de Jean Brito un inventeur de l'imprimerie a déjà soulevé la discussion. M. Paul Bergmans entre autres l'a combattue avec beaucoup de tact et de bon sens, et M. James Weale, le biblio-graphe liturgiste bien connu, a remis les choses au point.

Cette question controversée de l'invention de l'imprimerie a tou-jours suscité des écrivains. En 1890, M. Thiel Lorin insérait dans une revue belge un article intitulé : *Quels furent les inventeurs de l'imprimerie ?*

La cause de Haarlem comme premier berceau de l'imprimerie au lieu de Mayence, a été reprise à nouveau en 1888 par M. Hessels, qui a été suivi par M. Bakker.

Dans les pays du Nord, M. C. Bruun, directeur de la Bibliothèque royale de Copenhague, a résumé én 1889 les recherches des derniers temps sur la découverte de l'art typographique. En 1890 il a rédigé une intéressante notice sur Godefroi van Ghemen, le premier impri-meur de Copenhague au xve siècle.

M. Lange a publié en 1890, 1891 et 1892 ses recherches sur Jean Snell, le premier imprimeur du Danemark, et de 1893 à 1895 des contributions à l'histoire de l'imprimerie dans la ville de Lubeck au xve siècle.

Nous avons connaissance de deux publications concernant l'impri-merie faites en Russie. L'une, qui a pour auteur M. Boulgakov et a été éditée à Saint-Pétersbourg en 1889, est une histoire illustrée de l'imprimerie et de l'art typographique depuis la découverte de

l'imprimerie jusqu'à la fin du xviii⁰ siècle, et l'autre est une histoire
de l'imprimerie et de la librairie à Riga de 1588 à 1890 par M. Buch-
holtz, publiée à Mittau en 1890.

Pour la Suisse, l'histoire de l'imprimerie à Bâle a été traitée dans
des publications récentes faites à Strasbourg et à Londres que nous
avons déjà citées. Les marques des anciens imprimeurs de Zurich
jusqu'au début du xviie siècle ont été publiées en 1895 à Zurich
même par M. Paul Heitz, le même qui a fait à Strasbourg d'autres
publications de même genre. M. Schiffmann est auteur d'une notice
publiée en Allemagne sur les imprimeurs du canton d'Uri. M. Alfr.
Cartier a publié en 1893 les arrêts du Conseil de Genève sur le fait
de l'imprimerie et de la librairie de 1541 à 1550.

Lors de la dernière exposition de Genève, M. Théophile Dufour,
le directeur de la Bibliothèque de Genève, avait réuni des spécimens
de toutes les premières impressions des villes de Suisse. Il en a dressé
le catalogue avec une science de bibliographe consommé. Les notes
qui l'accompagnent forment une excellente contribution à l'histoire
de l'imprimerie dans ce pays.

L'histoire typographique de l'Italie, la terre classique des lettres,
avait été commencée avec succès dès le siècle dernier et continuée
dans le siècle présent. Le terrain était défriché en grande partie.
Il restait cependant quelques points de détail à traiter.

M. Pansa a fait l'histoire de la typographie dans les Abruzzes du
xv⁰ au xviiie siècle qu'il a publiée à Lanciano en 1891. M. Castellani
a retracé l'histoire de la typographie vénitienne depuis son origine
jusqu'à la mort d'Alde Manuce. Il a fait ensuite, de concert avec l'éditeur F. Ongania, une publication sur l'art de l'imprimerie à Venise,
et l'illustration des livres vénitiens aux xv⁰ et xvi⁰ siècles. Ces
questions d'art s'appliquant aux livres imprimés en Italie et auxquelles
on n'avait pas encore prêté une attention suffisante ont été l'objet
d'études spéciales faites en Allemagne, en Angleterre et en France.
M. Castellani est aussi l'auteur d'une dissertation dans laquelle
il examine la question de l'invention de l'imprimerie; les premiers
essais doivent être attribués aux Allemands plutôt qu'aux Hollandais.

M. le professeur Berlan, auquel on devait déjà un livre sur les
origines de la typographie milanaise, a fait depuis une notice sur
l'introduction de l'imprimerie à Savigliano, Saluces et Asti au
xv⁰ siècle. M. Antonio Brizzi a publié les annales typographiques de
Pérouse, et M. Alberto Baldini est auteur d'une dissertation sur le
premier livre imprimé à Ferrare.

Pour Crémone on a eu en 1892 de M. Giulio Mandelli une notice chronologique sur l'imprimerie de cette ville. M. Motta avait déjà donné en 1888 la monographie de Dionisi de Paravicino, imprimeur du xvᵉ siècle dans cette cité. Le même M. Motta est auteur d'une notice sur un incident de la vie de Philippe de Lavagnia, imprimeur milanais du xvᵉ siècle.

M. Pasquale Castorina a dressé en 1890 un tableau des typographes et des ateliers d'imprimerie qui ont existé à Catane depuis l'origine jusqu'à nos jours. Un tableau chronologique des imprimeries établies à Bergame de 1555 à 1584 a paru en 1892.

En 1891, M. Ambrosi a donné l'histoire des imprimeurs de Trente et de leurs éditions.

Pour Mantoue, M. Bertolotti a fait en 1889 une notice sur l'imprimerie de cette ville, et en 1892, M. Renier a publié une série de documents sur le premier imprimeur de Mantoue, la patrie de Virgile.

M. Pietro Bologna a repris en 1892-93 l'histoire de l'imprimerie établie au xvᵉ siècle dans le couvent de Saint-Jacques de Ripoli à Florence, qui avait déjà été traitée par Fineschi en 1781, et y a joint une liste des éditions sorties des presses particulières de cette maison religieuse.

M. Salvatore Bongi a publié en 1890, sous les auspices du ministère de l'instruction publique d'Italie, les Annales de la typographie de Gabriel Giolito de Ferrari, de Trino dans le Montferrat, imprimeur à Venise dans le cours du xvιᵉ siècle.

MM. G. Fumagalli et Bello ont produit en 1891, sous les mêmes auspices, la liste des travaux d'Antonio Blado d'Asola, imprimeur à Rome. M. Fumagalli a fait aussi la typographie de Massana. M. de Marinis vient de publier dans le Bulletin de la Société historique des Abruzzes un document sur l'introduction de l'imprimerie à Aquila.

On doit à M. Emilio Orioli quelques notices sur des imprimeurs du xvᵉ siècle tels qu'Andrea Portilia, Dominico Bertochi, Ugo Ruggieri et Bazalerio Bazaleri, typographes à Bologne au xvᵉ siècle, ainsi que des détails sur une société typographique établie à Gênes au xvιᵉ siècle.

Il n'est pas jusqu'à nos compatriotes qui, pendant leur séjour en Italie, n'aient apporté leur pierre à l'édifice international de la typographie qui est le véritable lien de la pensée humaine et des peuples.

M. Pierre de Nolhac a publié à Rome en 1888 des renseignements nouveaux sur les correspondants d'Alde Manuce, le savant et célèbre imprimeur de Venise, l'inventeur du caractère penché dit *italique* en usage de nos jours dans les imprimeries du monde entier.

M. Léon Dorez, alors élève de l'École française de Rome, a fait paraître dans cette ville en 1892 d'intéressantes recherches sur le cardinal Marcello Cervini et l'imprimerie à Rome de 1539 à 1550.

En Espagne, depuis les travaux de Diosdado Caballero et de Mendez entrepris à la fin du siècle dernier, l'histoire de la typographie était restée à peu près stationnaire.

Le gouvernement espagnol s'est ému de cet état de choses et a ouvert des concours à la suite desquels les travaux primés ont été imprimés aux frais de l'État.

C'est ainsi que nous avons eu, en 1889, l'Histoire de l'imprimerie à Tolède par M. Perez Pastor, en 1891 un excellent Essai sur la typographie de l'Université d'Alcala par M. Garcia, la même année, les Annales typographiques de Madrid pour le xvie siècle par M. Perez Pastor déjà nommé, en 1894 l'Histoire de l'imprimerie à Séville par M. Escudero y Perosso, et en 1895 celle de Medina del Campo par le même M. Perez Pastor. Telle est, jusqu'à présent, la série de ces ouvrages subventionnés venus à notre connaissance.

M. Hazanas y la Rua avait déjà publié de son côté, en 1892, un Essai sur l'imprimerie à Séville depuis son origine en 1475 jusqu'en 1800. M. Chaves a publié en 1896 une histoire et une bibliographie de la presse de Séville, de sorte qu'il y a maintenant trois historiens pour la typographie de cette ville.

On trouvera de bons renseignements bibliographiques sur les livres de l'ancienne typographie de Zamora dans la collection des notices bibliographiques et biographiques de la province de Zamora par M. Duro.

M. Aguilo y Fuster a publié en 1888, à Barcelone, une dissertation sur quatre incunables espagnols inconnus, et en 1897 M. Serrano Morales a inséré dans les *Soluciones catolicas* un article très court, mais des plus intéressants, sur les origines et l'introduction de l'art typographique à Valence.

M. Pardo de Tavera a fait imprimer à Madrid en 1893 des notes sur l'ancienne imprimerie des Philippines, et M. Medina a fait paraître à Séville, la même année, une histoire de la typographie mexicaine, depuis son origine en 1539 jusqu'en 1810.

Nous ne pouvons clore cette liste sans rappeler l'excellent ouvrage de M. Haebler publié à Londres sur les premiers imprimeurs de l'Espagne et du Portugal, qui a jeté un grand jour sur la question, car le premier il a fait connaître, d'après une communication de M. Léopold Delisle qui ne marchande sa science à personne, le nom du premier imprimeur de l'Espagne jusqu'ici ignoré. M. Haebler a encore publié à Strasbourg en 1897 les marques des imprimeurs espagnols et portugais des xve et xvie siècles. Citons encore, au risque de nous répéter plus loin, un essai de M. J. Comet, de Perpignan, sur Jean Rosembach, qui a imprimé tour à tour dans cette ville dépendant autrefois de l'Espagne, à Barcelone et dans d'autres localités de la péninsule ibérique.

Nous voici maintenant arrivés à la France. Après les invités, c'est le tour du maître de la maison qui se sert en dernier. Nous devons mettre au premier rang l'ouvrage du regretté M. Thierry-Poux, de la Bibliothèque Nationale. Ce livre, publié sous les auspices du ministère de l'instruction publique, est une véritable statistique intellectuelle de la France aux débuts de l'imprimerie dans notre pays. Pour beaucoup de personnes et surtout pour les étrangers, cette expansion du livre imprimé dont les diverses phases sont présentées avec précision a été une véritable révélation.

La découverte faite par M. l'abbé Requin de documents authentiques établissant que des essais de reproduction mécanique de l'écriture au moyen de lettres gravées en relief, présentant une certaine analogie avec les procédés primitifs de .Gutenberg, avaient été tentés à Avignon dès 1444, a mis en émoi le monde savant. M. l'abbé Requin a publié le texte de ces documents qu'il a essayé d'interpréter. M. Duhamel, l'archiviste du Vaucluse, a écrit une brochure à ce sujet et a attesté l'authenticité des pièces. Plus récemment, M. Claudin a repris la question, et textes en main a expliqué ce que pouvaient être ces essais primordiaux d'impression.

M. Léopold Delisle a publié avec un savant commentaire, dans le *Bulletin de la Société de l'histoire de Paris*, le texte intégral en facsimilé de la lettre si importante de Guillaume Fichet à Robert Gaguin, dans laquelle la gloire d'avoir inventé l'art pratique de l'imprimerie tel qu'il existe de nos jours est revendiquée pour Gutenberg par les trois proto-typographes de Sorbonne ses élèves, qui étaient venus à Paris sur l'invitation de Guillaume Fichet et de Jean de la Pierre y apporter le nouvel instrument de progrès et de civilisation. De nouveaux documents sur les imprimeurs de la Sorbonne ont été découverts au Musée Britannique. M. Claudin vient de refaire l'histoire si intéressante de la première presse parisienne à l'instigation de la Société bibliographique de Londres, comme nous l'avons dit plus haut.

L'atelier de Wolfgang Hopyl, tel est le titre d'un travail très étudié de M. Henri Stein. M. Omont s'est occupé de la typographie grecque à ses débuts à Paris de 1507 à 1516. Il a suivi aussi les travaux de Gérard Morrhe, imprimeur parisien de 1530 à 1532. M. Delisle a restitué au libraire Frédéric d'Egmont, qui tenait aussi boutique à Londres, une marque parisienne qui était restée jusqu'à ce jour une énigme. M. Paul Delalain a fait une notice sur Galiot du Pré, libraire parisien de 1518 à 1560. Le même est auteur d'une intéressante étude sur le libraire parisien du XIIIe au XVe siècle, et on lui doit le classement et la rédaction de l'*Inventaire des marques* de la collection du Cercle de la librairie, œuvre utile qui apporte un bon contingent de matériaux à l'histoire de l'imprimerie et de la librairie.

M. Ph. Renouard, petit-fils du célèbre bibliographe (noblesse oblige), a attaché son nom à une œuvre de longue haleine, d'une précision remarquable, consacrée à la vie et aux travaux de Simon de Colines, un des plus célèbres imprimeurs du XVIe siècle. Il a entrepris la même tâche pour Josse Bade, l'un des hommes les plus savants de son temps, qui après avoir professé les belles-lettres et avoir été correcteur dans l'atelier de Jean Trechsel à Lyon, vers la fin du XVe siècle, était venu s'établir maître imprimeur à Paris, et fut l'un de ceux qui contribuèrent le plus à la renaissance des lettres. Il est à souhaiter qu'un travail aussi important puisse bientôt voir le jour. En attendant, M. L. Delisle a publié en 1896 une intéressante notice sur un point de détail de la vie littéraire de Josse Bade et les rapports qu'il eut avec un célèbre professeur de l'Université d'Aberdeen en Écosse. M. Renouard a aussi rassemblé des documents sur Jean Petit, le grand libraire parisien de la fin du XVe et du commencement du XVIe siècle, qui à lui seul alimenta pendant un temps les presses des principaux imprimeurs de la capitale.

M. Dumoulin, élève de l'École des Chartes, a fait de Frédéric Morel, l'un des plus savants imprimeurs de l'époque de la Renaissance, le sujet de sa thèse. M. Gaston Duval en a présenté une sur Antoine Vérard, le libraire de la noblesse et des têtes couronnées au XVe siècle, qui a fait imprimer les premiers livres français illustrés et donné ainsi une véritable impulsion artistique à l'imprimerie parisienne.

M. Omont a publié des documents sur l'imprimerie orientale des jeunes de langues à Paris en 1719, et M. Stein a imprimé la correspondance d'Antoine-Urbain Coustelier, imprimeur libraire du XVIIIe siècle, avec dom Calmet.

MM. le baron Pichon et G. Vicaire ont recueilli de précieux documents inédits sur les imprimeurs et les libraires de Paris de 1486 à 1600, qu'ils ont réunis en un volume publié en 1895. M. Coyecque a publié dans le *Bulletin de la Société de l'histoire de Paris* des extraits d'un minutier de notaire parisien relatifs aux imprimeurs et aux libraires qui sont d'un haut intérêt.

Dans le même ordre de recherches, M. Renouard déjà nommé vient de terminer, avec la collaboration de deux bibliophiles, un travail très complet sur tous les imprimeurs et libraires parisiens du XVe et du XVIe siècle, avec des notes sur leurs familles, leurs alliances, l'indication exacte de leurs demeures, leurs enseignes, marques, devises, dates d'exercice et de décès, d'après des renseignements inédits tirés d'archives et d'autres sources. Ce répertoire est destiné à remplacer pour cette période la *Liste chronologique des imprimeurs et libraires de Paris*, rédigée par Lottin au siècle dernier, si souvent consultée, qui était devenue insuffisante dans l'état actuel d'avancement de la science bibliographique.

Voilà par le menu ce qui a été fait durant ces dix dernières années pour l'histoire de l'imprimerie de la capitale. On peut dès à présent prévoir l'avenir prochain dans lequel le terrain sera déblayé et défriché.

Quant aux travaux qui ont été faits sur l'histoire de l'imprimerie en province, la nomenclature en est longue.

L'histoire de l'imprimerie jadis si florissante à Lyon a été traitée à nouveau après Montfalcon et Péricaud, les premiers qui avaient ébauché le sujet. M. Aimé Vingtrinier, ancien imprimeur et bibliothécaire, a rédigé un nouvel historique de l'imprimerie lyonnaise depuis l'origine jusqu'à nos jours, à l'occasion de l'exposition de 1894. De son côté, M. Natalis Rondot a dépouillé les archives municipales et dressé, à l'aide de renseignements certains, la suite chronologique des imprimeurs, et ils étaient nombreux ceux qui ont exercé à Lyon au XVe siècle. Dans ce travail puisé aux sources mêmes, l'auteur a traité d'une manière très remarquable, avec une sûreté de jugement qui lui fait honneur, l'histoire de l'illustration dans les livres imprimés à Lyon aux XVe et XVIe siècles.

M. Julien Baudrier s'est occupé tout spécialement des imprimeurs et des libraires du XVIe siècle. Ce qu'il a réuni de notes, de documents et d'actes authentiques concernant les industriels du livre depuis les imprimeurs, fondeurs de caractères, jusqu'aux relieurs, est incroyable. Et tout cela est présenté avec netteté et précision. Des fac-similés d'impressions rares ou inconnues, de marques et de signatures d'imprimeurs et de libraires, viennent compléter cet ensemble de renseignements. Trois volumes de cette œuvre capitale ont déjà paru. L'auteur en prépare d'autres ; les premiers matériaux sont déjà à pied d'œuvre et l'auteur travaille sans relâche à leur complément. De pareils travaux honorent la ville de Lyon et leur auteur. Nous disions tout à l'heure que, dans un avenir très rapproché, le terrain serait défriché pour l'histoire de l'imprimerie à Paris. Nous allions même écrire que nulle part l'histoire typographique d'une ville n'avait été poussée aussi loin. Cette conclusion sera particulièrement juste pour Lyon. Les recherches de M. Baudrier résumeront, pour les XVIe et XVIIe siècles, tout ce que l'on pourra faire. Lorsque d'autres travaux que préparent d'une part M. Félix Desvernay, bibliothécaire en chef de la ville de Lyon, et d'une autre M. Claudin, pour la période antérieure du xv⁰ déjà étudiée au point de vue artistique par M. Rondot, on pourra dire que l'histoire rétrospective de l'imprimerie dans la seconde ville de France sera connue dans tous ses détails.

M. Paul Leblanc a fait l'histoire des débuts de l'imprimerie du Puy-en-Velay, et M. Martin celle des premiers libraires. M. Claudin a écrit sur les origines de l'imprimerie à Salins, la première ville de Franche-Comté qui ait pratiqué l'art de Gutenberg au xv⁰ siècle.

Poursuivant ses études sur les imprimeurs de sa région, M. Maignien, bibliothécaire, a donné une notice sur Claude et Antoine Bureau, imprimeurs à Grenoble, et tout récemment, une liste aussi complète que possible des impressions sorties de la typographie particulière de la Grande-Chartreuse, établie dans le bâtiment de la Correrie, dépendance du couvent. L'abbé Chevalier a inséré dans la *Petite Revue dauphinoise* un article sur les incunables liturgiques du Dauphiné.

M. Léopold Delisle a fait connaître la première impression de Privas en 1503, jusqu'ici ignorée, et l'abbé Cyprien Pérossier, dans le *Bulletin de la Drôme*, a écrit une bonne histoire de l'imprimerie à Romans-en-Dauphiné.

Mlle Pellechet, après avoir publié en 1887 des notes sur les imprimeurs du Comtat-Venaissin et de la principauté d'Orange, les a complétées en 1890 par une note nouvelle concernant Georges Serre, imprimeur à Avignon en 1502. Un supplément à la notice de M. Martial Millet sur les imprimeurs d'Orange a paru en 1888.

M. Claudin a mis au jour ses recherches sur la première imprimerie établie en 1513 à Sisteron, en Provence, par un typographe lyonnais, Thomes de Cloches, dit *de Campanis*, venu d'Avignon où il avait exercé en dernier lieu. M. Robert Reboul a fait un excellent historique de l'imprimerie à Toulon de 1650 à 1673.

M. Émile Bonnet a fait en 1895 un bon livre, imprimé avec un luxe peu ordinaire, sur les débuts de l'imprimerie à Montpellier. Depuis, il a fait en 1897 l'histoire de l'imprimerie à Béziers, accompagnée de recherches sur les débuts de l'imprimerie à Pézenas, à Lodève et à Saint-Pons-de-Thomières. M. J. Comet a fait la monographie de Jean Rosenbach, le premier imprimeur de Perpignan.

Pour Toulouse, M. Claudin a dépouillé les archives municipales, et complétant ou rectifiant les travaux antérieurs du docteur Desbarreaux-Bernard, a fourni des notes nouvelles et des renseignements nouveaux sur les imprimeurs, les libraires, les relieurs et les enlumineurs de cette ville depuis le xv⁰ jusqu'au milieu du xvi⁰ siècle. Sous la rubrique : *Quelques hypothèses sur l'imprimerie en Languedoc* *au XVe siècle,* Mlle Pellechet a présenté de curieux rapprochements de caractères qui lui ont permis de nommer avec beaucoup de vraisemblance le premier imprimeur de Toulouse. Elle a pu identifier en même temps de très anciennes impressions d'Albi non signalées jusqu'à présent.

L'accès du riche dépôt des archives notariales de Toulouse, qui avait été fermé jusqu'à présent, a fait découvrir des actes importants concernant les anciens imprimeurs du xve siècle. On y a trouvé entre autres un nommé Henry Torner ou Tournier (*Henricus Tornerii*), que l'on ne connaissait pas comme ayant exercé le métier en société avec l'imprimeur Jean Parix en 1482. Ces renseignements, ainsi que d'autres sur l'imprimerie dans la capitale du Languedoc, viennent d'être communiqués au congrès des sociétés savantes, à la Sorbonne.

M. Claudin a fait l'historique des origines de l'imprimerie à Auch en 1533 et a fourni des notes sur les antécédents de Jean de Vingle et Henri Poyvre, qui vinrent à Pau établir la première presse d'où sortirent en 1552 les Coutumes du Béarn. En publiant le Bréviaire de Lescar de 1540, l'abbé Dubarrat a fait connaître la première impression de cette ville jusqu'alors ignorée.

M. Forestié père, ancien imprimeur à Montauban, imprime en ce moment l'histoire de l'imprimerie montalbanaise depuis son origine dans le premier quart du xvie siècle jusqu'à l'époque actuelle. C'est une œuvre consciencieuse et approfondie à laquelle l'auteur a travaillé toute sa vie avec une ténacité extraordinaire. Il serait à désirer que pour chaque centre typographique, il y eût un chercheur aussi infatigable que M. Forestié, qui est arrivé à force de patience à reconstituer tout un passé oublié ou sur lequel on n'avait que des notions vagues et confuses. Quelques-unes de ses notices sur les imprimeurs de Montauban ont déjà paru dans le *Bulletin de l'Académie de Montauban*. Rien de ce qui intéresse de loin ou de près ses imprimeurs ne lui est indifférent. C'est dans cet ordre d'idées qu'il a publié en 1891 dans la *Revue de Gascogne* un article très étudié sur les pérégrinations de l'imprimeur Arnaud de Saint-Bonnet à Lyon, Grenoble, Cahors, Montauban, Auch et Lescar, de 1617 à 1633. M. Forestié est encore auteur d'une notice parue en 1896, sur l'imprimerie à Puylaurens, qui fonctionna de 1659 à 1685, lorsque l'académie protestante de Montauban fut transférée dans cette ville de l'Albigeois.

M. Jules Andrieu, qui avait publié en 1886 une *Histoire de l'imprimerie dans l'Agenais*, a publié depuis une *Bibliographie générale de l'Agenais* en 3 volumes grand in-8°, terminée en 1891, dans laquelle il a repris à nouveau et complété les renseignements donnés dans son premier ouvrage sur les imprimeries de la région. M. Claudin a ensuite découvert le premier livre imprimé à Agen en 1526, avançant de vingt ans la date jusqu'alors connue de l'introduction de l'imprimerie dans cette ville. M. Claudin a fait connaître sa découverte dans la *Revue de l'Agenais* en 1894 et y a joint en même temps une notice sur la vie et les travaux du premier imprimeur agenais.

M. Claudin a publié la même année les *Origines de l'imprimerie à la Réole en 1517* et a fait une nouvelle histoire de l'imprimerie à Bordeaux, complétant et rectifiant les travaux de Delpit et de Gaullieur. M. Dast de Boisville a consacré une notice à Simon Millanges, le célèbre imprimeur bordelais, l'ami et l'éditeur de Montaigne.

A Périgueux, M. Dujarric-Descombes a exhumé des titres concernant Jean Carant, premier imprimeur de cette ville à la fin du xv⁰ siècle, et a fait connaître pour la première fois la marque de François Texier, un de ses successeurs.

M. Paul Ducourtieux a publié en 1888 des notices sur les anciennes impressions limousines qui avaient figuré à l'exposition de Limoges. En 1890, le même a reproduit en un fascicule les marques des imprimeurs de Limoges qu'il a accompagnées d'un texte. En 1893 il y a joint un appendice. M. Ducourtieux est auteur d'un consciencieux travail sur les Barbou, famille d'imprimeurs célèbres qui ont tour à tour exercé à Lyon, à Limoges et à Paris de 1524 à 1820. Cet ouvrage, qui a demandé beaucoup de recherches, restera comme un des modèles du genre.

Lors de la célébration en 1895, par la Société archéologique du Limousin, du centenaire de l'imprimerie à Limoges, on avait organisé une exposition rétrospective, la plus complète que l'on eût vue jusqu'alors, des plus anciennes impressions non seulement de Limoges, mais encore de celles des villes voisines. Le même M. Ducourtieux a profité de la circonstance de ce groupement pour décrire avec soin les monuments typographiques qui avaient été exhibés et dont plusieurs étaient restés inconnus.

Un érudit distingué, M. Louis Guibert, a rédigé en 1893 de précieuses notes sur les premiers imprimeurs de Limoges, tirées d'anciens cadastres et d'autres sources inédites. M. Fray-Fournier a écrit quelques articles sur l'imprimerie limousine, entre autres sur un bréviaire de saint Martial imprimé en 1520 que l'on croyait perdu et dont il a retrouvé des fragments.

M. Clément Simon a écrit en 1895 une notice fort intéressante sur quelques-uns des premiers livres imprimés à Limoges. M. Claudin a retracé l'histoire des pérégrinations de l'imprimeur Claude Garnier, qui est allé de Limoges porter l'imprimerie à Bazas en 1530, à Auch en 1533, et est revenu ensuite terminer sa carrière dans sa ville natale. Les *Origines de l'imprimerie à Limoges* ont été pour lui un nouveau

sujet d'étude et il est arrivé à reconstituer la suite des travaux de
Jean Berton, originaire de Preuilly en Touraine, le premier imprimeur de Limoges. Il continue les annales typographiques de cette
ville en s'occupant de l'atelier de Jean Berton, sur lequel il a déjà
publié quelques articles dans le *Bibliophile Limousin*, et lorsqu'il
aura mis en ordre les renseignements qu'il a réunis de longue date
sur les de la Nouaille, autres imprimeurs du xvie siècle auxquels les
Barbou ont succédé, ces annales, réunies aux annales des Barbou
colligées par M. Ducourtieux, seront au complet pour le xv* et le
xvie siècle.

M. Ducourtieux a encore fait des notices sur les impressions de
Tulle et de Brives, et M. René Fage, qui est un chercheur plein de
tact, a publié des notes sur les imprimeurs et fondeurs de caractères
de Tulle et d'Ussel. Comme on le voit, l'histoire typographique de
l'ancienne province du Limousin est fort avancée et sera faite dans
un avenir peu éloigné.

C'est aussi chose faite en grande partie pour le Poitou et la Saintonge. L'histoire de l'imprimerie à Poitiers, sur laquelle on n'avait
encore aucune notion, a suscité deux historiens dont les recherches,
suivies parallèlement par des voies différentes l'une de l'autre, ne se
confondent pas. M. de la Bouralière a émis ses premières données
dans la *Revue Poitevine et Saintongeaise* en 1893, et le premier essai
de M. Claudin sur la même question paraissait dans *l'Intermédiaire de
l'Ouest*, la même année (1893). Un an après, M. de la Bouralière publiait un supplément d'informations plus important que son œuvre
primitive. *L'Intermédiaire de l'Ouest* ayant cessé de paraître après
la publication du premier essai de M. Claudin dans lequel il avait tracé
le plan entier de son ouvrage et la chronologie de l'imprimerie poitevine d'après des découvertes qui lui étaient personnelles, M. Claudin
a profité de ce temps d'arrêt pour remanier entièrement son œuvre
primitive et compléter ses recherches, de façon à épuiser en quelque
sorte la matière. Dans l'intervalle il publiait en 1894, dans la *Revue de
Saintonge et d'Aunis*, une notice sur Jean Bouyer, Saintongeais, pro-
totypographe poitevin. *Les Origines et les débuts de l'imprimerie à
Poitiers, de 1479 à 1515*, ainsi que les *Monuments de l'imprimerie
à Poitiers*, se complétant l'un par l'autre, ont été récompensés par
l'Académie des Inscriptions et Belles-Lettres, qui a décerné à leur
auteur le premier prix Brunet.

M. de la Bouralière, dont le travail a aussi son mérite, est encore
auteur d'une bonne histoire des imprimeurs et des libraires de la
Vienne (hors Poitiers) parue en 1896. On lui doit aussi des notes sur
l'imprimerie de Thouars qu'il a fait paraître en 1895.

M. Henri Clouzot a fait en 1891 un excellent travail sur l'imprimerie à Niort et dans le département des Deux-Sèvres. Il a publié aussi une notice sur l'imprimerie de Saint-Jean-d'Angély, et mis à jour les notes de Benjamin Fillon sur les imprimeurs de Fontenay-le-Comte et du bas Poitou, qu'il a complétées et auxquelles il a joint des éclaircissements.

M. H. Grimaud a résumé dans une petite brochure les origines de l'imprimerie à Chinon au XVIIe siècle. M. l'abbé Porcher a fait paraître en 1895 un volume intéressant sur les imprimeurs et les libraires de Blois du XVIe au XIXe siècle.

M. H. Stein a fait en 1889 une brochure sur Germain Lauverjat, imprimeur du XVIe siècle à Bourges. Le même M. Stein est auteur d'une notice sur l'imprimerie à Châteaudun avant la Révolution. M. Lecesne a complété cette notice par une dissertation intitulée : *Pourquoi une imprimerie fut établie à Châteaudun en 1610.*

Pour la Bretagne, M. le marquis des Granges de Surgères vient de publier les actes d'état civil des anciens imprimeurs nantais, et M. Jouon des Longrais a mis au jour en 1894 des recherches nouvelles sur les premières impressions de Saint-Malo.

M. de la Bouilterie a écrit l'histoire de l'imprimerie à la Flèche en Anjou, depuis son origine jusqu'à la Révolution, c'est-à-dire de 1575 à 1789. M. René Gadbin est auteur de notes fort intéressantes sur l'imprimerie à Château-Gontier. Un érudit des plus modestes, M. l'abbé Angot, est auteur d'un excellent travail sur l'imprimerie à Laval.

Pour la Normandie, M. Léopold Delisle, le savant éminent si universellement connu, nous a gratifiés en 1891 d'un *Essai sur l'imprimerie et la librairie à Caen de 1480 à 1550,* qui n'est que le prélude d'un ouvrage plus considérable pour lequel il a réuni des matériaux et des documents inédits des plus intéressants. La Société des antiquaires de Normandie doit publier prochainement cette œuvre qui est impatiemment attendue. M Claudin a fait des recherches sur l'imprimerie à Saint-Lô et a découvert des impressions antérieures d'un siècle à celles que l'on croyait être les premières de cette ville. Mme Despierres, qui a dépouillé tous les anciens actes des notaires de sa localité, a mis en lumière en 1894 une série de documents inédits sur les premiers imprimeurs d'Alençon, de 1529 à 1575, et M. l'abbé Sauvage a fait imprimer en 1891 ses recherches sur les premiers imprimeurs et libraires de Dieppe. N'oublions pas M. Ch. de Beaurepaire, qui est auteur d'une notice dans laquelle est consigné le résultat de ses recherches sur l'introduction de l'imprimerie à Rouen.

M. Claudin a consacré une notice à Hesdin, ville rasée comme Thérouanne par Charles-Quint au XVIe siècle, qui eut l'honneur avant sa destruction d'être la première localité de l'Artois dans laquelle l'imprimerie ait été exercée. M. Victor Advielle a fait paraître ensuite quelques notes concernant Bauldrain Dacquin, le typographe de cette ancienne cité.

M. Ledieu a publié en 1887 un court historique de l'imprimerie et de la librairie à Abbeville avant 1790. M. Sorel vient de faire paraître un mémoire sur les origines de l'imprimerie à Compiègne.

Quant à la Champagne, nous avons une histoire de l'imprimerie à Châlons-sur-Marne laborieusement compilée par M. Amédée Lhote d'après les minutes des notaires et autres renseignements que l'auteur a pu se procurer. M. Claudin a traité les origines de l'imprimerie à Reims et a découvert le nom du plus ancien imprimeur rémois. M. Jadart, bibliothécaire, a de son côté fait un remarquable travail sur les premiers imprimeurs de cette ville, dans lequel il a donné leurs marques typographiques. A Troyes, M. Louis Morin, qui est un typographe de profession, amoureux de son art, est auteur d'une histoire des imprimeries de Troyes depuis 1789 et des autres imprimeries du département de l'Aube depuis leur fondation. Il a publié encore une notice sur Yves Girardon, imprimeur-libraire troyen, et d'autres brochures qui se rattachent toutes de loin ou de près à l'histoire de l'imprimerie.

On doit à M. Stein des recherches sur l'imprimerie à Provins, et une notice intéressante sur François Chayer, de Château-Thierry, imprimeur protestant, et ses ateliers typographiques de la Ferté-sous-Jouarre et de Sedan.

Sous le titre de *Trésor du Bibliophile lorrain*, M. J. Favier, bibliothécaire de la ville de Nancy, a réuni en 1889 des fac-similés de livres lorrains rares et précieux, la plupart imprimés dans le pays, qui sont autant de documents pouvant servir à l'histoire typographique de la province et servent en quelque sorte de preuves aux recherches de M. Beaupré sur les impressions lorraines. A Auxerre, M. Henri Monceaux, conservateur du Musée et bibliothécaire de cette ville, a terminé en 1896 un ouvrage important auquel il travaillait depuis plus de vingt ans, intitulé : *Les Le Rouge de Chablis, calligraphes et miniaturistes, graveurs et imprimeurs ; étude sur les débuts de l'illustration du livre au XVᵉ siècle.* Cette œuvre capitale, pleine de renseignements nouveaux présentés avec méthode, a été l'objet d'une distinction méritée au jugement de l'Académie des Inscriptions et Belles-Lettres, qui a décerné à son auteur le second prix Brunet.

Le livre de M. Monceaux ne traite pas seulement de l'imprimerie de Chablis, qui remonte à une date fort ancienne (1478), mais fait connaître les travaux d'imprimeurs d'origine française établis à Venise et à Pignerol en Italie, à Embrun eu Dauphiné, à Troyes en

Champagne. Le plus illustre représentant de cette famille d'artistes, Pierre Le Rouge, devint imprimeur du roi Charles VIII à Paris. C'est à lui que l'on doit les plus beaux livres illustrés du xve siècle, dans lesquels l'art français de cette époque s'épanouit dans toute sa splendeur.

M. Monnoyer, maître imprimeur au Mans, a publié en 1888 des recherches sur les origines de l'imprimerie avant Gutenberg, et M. Emile Picot, membre de l'Institut, a traité en 1895 l'histoire de l'imprimerie dans les pays roumains au xvie siècle, question neuve et ardue dont il s'est tiré avec sa science habituelle. Dans la *Bibliographie hellénique* de M. Emile Legrand, œuvre considérable et d'une valeur reconnue, qui a partagé avec les ouvrages de M. Claudin le premier prix Brunet décerné par l'Institut, on trouvera des matériaux pour l'histoire de la typographie grecque.

Dans la plupart des cas, la bibliographie est la base fondamentale et la pierre d'assise sur laquelle est édifiée l'histoire de l'imprimerie. C'est à ce point de vue que l'on doit envisager les catalogues d'éditions dites incunables dans lesquels sont décrites les productions des premières presses du xve siècle. Plusieurs catalogues d'incunables ont été publiés en France dans ces dix dernières années, entre autres ceux des bibliothèques du Mans, de Poitiers, de Reims, de Verdun, d'Albi, d'Orléans, de Marseille, de Sainte-Geneviève et de la Mazarine à Paris ; mais aucun d'eux, même parmi les meilleurs, ne sera consulté avec plus de fruit pour l'histoire typographique que celui de la bibliothèque de Besançon, rédigé par M. Aug. Castan, en raison des notes historiques et bibliographiques dont il est enrichi, de ses collations minutieuses, relevant les moindres particularités des exemplaires et les filigranes des papiers. Des tables très détaillées de diverses sortes facilitent les recherches, et les fac-similés dont il est orné en font un précieux instrument de travail. Il n'y a guère que le catalogue des incunables de Lyon, rédigé par Mlle Pellechet, bien qu'il contienne moins de luxe de détails, qui puisse lui être comparé pour son exactitude et sa précision.

Mlle Pellechet, qui a déjà rédigé d'autres catalogues estimés et dont on connaît le zèle et le dévouement pour la science bibliographique, a entrepris un travail que l'on peut qualifier de gigantesque. Nous voulons parler du catalogue général des incunables qui sont conservés dans les bibliothèques publiques de la France. Le premier volume qui vient de paraître dénote l'expérience de l'auteur dans ce genre de travail. En faisant connaître ainsi les trésors typographiques enfouis dans la poussière des bibliothèques de notre pays, Mlle Pellechet a déjà reculé les limites de nos connaissances bibliographiques ; elle ne peut manquer de faire d'autres découvertes à mesure qu'elle avancera dans ce travail de longue haleine, que nous lui souhaitons de mener à bonne fin. Les notions positives qu'elle fournira contribueront à dissiper l'obscurité qui règne encore sur plusieurs points de l'histoire de l'imprimerie. Pour avoir avancé ainsi les recherches, Mlle Pellechet mérite les plus grands éloges ; les encouragements de toutes sortes ne lui feront pas défaut. Et ce sera justice.

L'impulsion est donnée. Les dix dernières années écoulées présentent un bilan des plus respectables et particulièrement chargé, si on le compare avec celui du précédent congrès. Nous n'avons pas la prétention d'être absolument complet, car dans cette longue énumération nous avons pu omettre des travaux plus ou moins importants, surtout parmi ceux, publiés à l'étranger, qui ne sont point venus à notre connaissance, ainsi que d'autres qui sont disséminés dans des revues, des mémoires de sociétés ou ailleurs, et qui ont échappé à nos recherches.

Ce n'est pas seulement la vieille Europe qui a secoué sa léthargie; l'écho s'est répercuté au delà des mers jusque dans le nouveau monde. Les deux Amériques, bien que leur histoire typographique soit moins ancienne que la nôtre, commencent à l'étudier. M. Will. Henry Perrin a rédigé pour le « Filson Club » de Louisville l'histoire de la première presse des pionniers du Kentucky établie en 1787 à l'est des monts Alleghany. M. Medina a fait l'histoire et la bibliographie de l'imprimerie dans l'Amérique espagnole, à Santiago du Chili, à la Plata et au Rio de la Plata. Le même est auteur d'une histoire de l'imprimerie à Mexico de 1539 à 1810, que nous avons déjà citée et qu'il a fait imprimer à Séville en 1893. Avant lui, M. Garcia Icazbalceta avait traité en partie le même sujet dans sa *Bibliographie mexicaine du XVIe siècle*, parue à Mexico en 1886.

Enfin il n'est pas jusqu'à des contrées plus lointaines qui n'aient trouvé un historien de leurs anciennes presses. Nous avons déjà signalé l'ouvrage de M. Pardo de Tavosa sur l'imprimerie dans les îles Philippines, publié à Madrid en 1893, et celui en anglais de M. Ernest Mason-Satow, paru en 1888, sur l'imprimerie particulière des Jésuites établie au Japon à la fin du XVIe siècle.

Poitiers. — Sté Franç. d'Impr. et de Libr.
Ancienne impr. Oudin et Cie.